Eat it or beat it

D1324741

EAT IT
OR BEAT IT

Het latest and greatest Engelse rijm

Pyter Wagenaar

BBNC uitgevers
Amersfoort, 2012

Eerste druk: oktober 2011
Tweede druk: januari 2012

© Copyright 2011, BBNC uitgevers bv, Amersfoort
en Pyter Wagenaar, Amsterdam

Redactie: Taalwerkplaats, Amsterdam
Zetwerk: Studio Imago, Amersfoort
Illustratie omslag: Sabrina Robles de Medina
Ontwerp omslag: Studio Imago, Amersfoort
Druk- en bindwerk: Wilco, Amersfoort

ISBN 978 90 453 1258 3

www.bbnc.nl
www.pyterwagenaar.nl

INLEIDING

Rijmende uitdrukkingen: elke taal heeft er talloze, dus ook het Nederlands, maar zo *catchy* als in het Engels zijn ze niet gauw, en zeker zijn er niet zoveel als in die taal. Tel daarbij op dat de Engelse taal op dit moment veel prestige heeft in de wereld. Je hoort bijna iedereen dan ook te pas en (vaker nog) te onpas Engelse woorden en uitdrukkingen gebruiken, want dat is *hip*, *cool* en *trendy*. Het varieert van *chill*, *yes!* en *no way* tot *in the picture*, *get a life*, *need I say more* en managementspeak als *sense of urgency*. Maar ook heel veel andere, gewoon omdat het leuk is of lekker klinkt, zoals *talk to the hand 'cause the face ain't listening* en *see you later alligator*. Die laatste is dus een voorbeeld van zo'n rijmende uitdrukking waarvan je er honderden in dit boek vindt.

Rijmende slogans werken!

In het Engels heten ze officieel *rhyming verb and noun phrases*: 'rijmende werkwoordelijke en naamwoordelijke uitdrukkingen'. Ze worden ook wel *rhyming slang* 'rijmende platte taal' genoemd, maar dat slaat vaker op een heel ander verschijnsel: het gebruik van woorden die rijmen op de woorden die je eigenlijk wilt gebruiken. In dit boek heten ze: *rijmende uitdrukkingen* of *rijmende slogans*. En wie kent ze niet? *Boontje komt om z'n loontje, eigen schuld dikke bult, fusie is ruzie, handel en wandel, helaas pindakaas, hoeren en snoeren, alles kits achter de rits, naam en faam, ruilen is huilen, steen en been, zo gewonnen, zo geronnen* of *wie lacht om een scheet is gekker dan hij weet*. Het gaat steeds om een uitdrukking met twee kernwoorden die rijmen en die kort en krachtig iets verwoordt. Maar je vindt het verschijnsel ook terug in rijmende fantasieverlengingen van bestaande woorden. Bijvoorbeeld: *meneertje koekepeertje, mevrouwtje koekepauwtje* en *jammer de bammer*.

Het Engels kent heel veel rijmende slogans. Soms zijn die te vertalen met een Nederlandse rijmende uitdrukking, bijvoorbeeld: *eat it or beat it* 'slikken of stikken', *high and dry* 'hoog en droog' of *taste makes waist* 'ieder pondje gaat door het mondje'. Maar in de meeste gevallen zijn ze uniek voor het Engels.

Wat vind je in dit boek?

In dit boek zijn honderden Amerikaans-Engelse rijmende slogans opgenomen. Sommige kun je letterlijk nemen, bijvoorbeeld *improve or move* 'verbeter of verhuis' en *work not shirk* 'werken, niet lijntrekken'. Andere zijn figuurlijk, bijvoorbeeld *pedal to the metal* 'plankgas'

en *up your nose with a rubber hose* 'dat
gaat je niets aan'.

Wat vind je niet in dit boek?

In dit boek staan geen allitererende
uitdrukkingen, zoals *cool, calm and
collected* en *facts and figures*. Ook zinnen
uit liedjes, die bijna altijd wel rijmen, zijn
niet opgenomen als ze buiten dat lied niet
als uitdrukking voorkomen. Merknamen
als *famous Amos* (een zeker Amerikaans
chocoladekoekje) zijn evenmin te vinden
in dit boek, tenzij ze ook in een andere
context worden gebruikt. Verder zijn er geen
rijmende uitdrukkingen opgenomen die
naar één persoon verwijzen, zoals *Wacko
Jacko* voor Michael Jackson en *Muscles from
Brussels* voor Jean-Claude Van Damme.
Uitdrukkingen moeten bovendien zijn
ingeburgerd en in de praktijk worden
gebruikt. Het kan dus wel voorkomen dat

zo'n uitdrukking de eerste keer in een lied
werd gebruikt, zoals bij *good golly, miss
Molly* van Chuck Berry. Het is dan ook niet
altijd duidelijk of het rijm al bestond en in
een lied is verwerkt, of dat het bekend is
geworden doordat het in een lied voorkwam.
Hetzelfde geldt voor slagzinnen in reclame.
Sommige daarvan worden algemeen
gebruikt, bijvoorbeeld *once you pop you
can't stop*. Bovendien kun je ze goed
gebruiken om een komisch effect te sorteren.

Uitspraak

Rijm wil zeggen 'gelijkheid van klank': *Sint*
rijmt op *kind* en *denken* op *schenken*. Maar
het gaat dus om klank, daarom hoeft het
niet per se te gaan om woorden waarvan
een deel dezelfde spelling heeft. Zo rijmt
cadeau op *auto* en *design* op *borderline*.
En nu wordt er wel veel geklaagd over de
spelling van het Nederlands, maar in het

Engels hebben de sprekers het nog veel moeilijker. Weet je hoe je *ghoti* in het Engels kunt uitspreken? Als 'fish': de *gh* uit *tough*, de *o* uit *women* en de *ti* uit *demonstration*. Maar zo'n inconsequente spelling biedt natuurlijk wel perspectieven als je woorden wilt laten rijmen. Dat zie je dan ook regelmatig in rijmende uitdrukkingen terug, zoals in *do this like Brutus, no penis between us, the fungus is among us* of *dial a smile*. En ook in de uitspraak zelf is nog variatie mogelijk, bijvoorbeeld: *no hassle in my castle* rijmt niet in *the Queen's English*, maar wel in het Amerikaans-Engels. In beginsel gelden in dit boek de Amerikaans-Engelse uitspraakregels. Kortom: als je denkt dat een rijmende uitdrukking niet al te best rijmt, moet je de woorden dus iets anders (vaak Amerikaanser) uitspreken.

Dan nog iets anders over uitspraak en spelling. Vaker dan bij andere uitdrukkingen worden de medeklinkers aan het eind van een woord ingeslikt in rijmende slogans. Bijvoorbeeld: *huffin' and puffin'* in plaats van *huffing and puffing*. In dit boek is steeds voor de algemene spelling gekozen, tenzij het duidelijk is dat de 'ingeslikte' versie vaker wordt gebruikt.

HOE ZIJN DE RIJMENDE UITDRUKKINGEN OPGENOMEN?

De rijmende uitdrukkingen zijn steeds op dezelfde manier in het boek opgenomen, wat niet wil zeggen dat je steeds precies dezelfde informatie vindt. Wat er altijd staat, is de uitdrukking met de betekenis of met een verwijzing. Daarnaast staan er vaak ook nog andere wetenswaardigheden. Bijvoorbeeld:

WHAT'S THE DEAL, BANANA PEEL?

'wat is er, bananenschil?'

1 wat is er aan de hand, hoe zit het? **2** hoe gaat het?

↔ *what's up, buttercup?*

DOOM AND GLOOM

'ondergang en droefgeestigheid' 🖵 *EastEnders*

kommer en kwel » *gloom and doom*

↔ *bloom and doom*

It's not all doom and gloom.

uitdrukking In grote letters staan de rijmende uitdrukkingen. Hoe je die (terug) kunt vinden, zie je
hierna bij *Hoe vind ik een uitdrukking?*
De woorden *a*, *an* en *the* voor de uitdrukking worden alleen gegeven als ze echt
nodig zijn; het woordje *to* bij Engelse
werkwoorden is altijd weggelaten.

vertaling   Onder de uitdrukking staat, in kleine letters,
en   de letterlijke vertaling ervan en soms wat
herkomst   extra uitleg. Ook staat hier vaak waar de
uitdrukking (of een variant ervan) is gelezen
of gehoord, of van is afgeleid. Dat gaat
soms met symbolen, namelijk:

- 🎵 cd-, lp- of liedtekst, gevolgd door de
  uitvoerende artiest(en);

- 🎥 film, gevolgd door de naam van de
  film;

- 📕 literatuur, lectuur of magazine (zowel
  titel als citaat), gevolgd door de naam
  van de auteur en/of de titel;

- 🔊 radio, mogelijk gevolgd door de
  plaats van het station;

- ❞ reclame of slagzin, gevolgd door een
  organisatie of fabrikant;

- ♙ slagzinnen voor de National Condom
  Week, waarin condoomgebruik wordt
  gepropageerd;

- 📺 televisieserie of documentaire,
  gevolgd door de naam ervan.

Staat er op deze plek geen herkomstinformatie, dan is het gebruik heel algemeen en is de uitdrukking op straat of op tv gehoord, of in een woordenboek of op internet gelezen.

betekenis De betekenis van de rijmende uitdrukking. Zijn er meer betekenissen? Dan hebben die elk een cijfer gekregen. Als de letterlijke vertaling en de betekenis hetzelfde zijn, wordt alleen de betekenis gegeven.

variatie Op sommige uitdrukkingen zijn variaties mogelijk. Die worden *cursief gedrukt* achter een van deze symbooltjes:

» Een aanvulling op, of uitbreiding van de uitdrukking, of juist een verkorting ervan.
→ 'Zie' of 'zie ook'.
↔ Varianten die hetzelfde betekenen (synoniemen).

Als deze varianten ook weer apart in dit boek zijn opgenomen, kun je dat zien aan een **vetgedrukt, *cursief* woord**. Onder dat woord kun je die uitdrukking dan vinden (zie hierna bij *Hoe vind ik een uitdrukking?*).

zins-
verband Als laatste wordt in sommige gevallen *cursief een context* gegeven, dus een voorbeeld van hoe de uitdrukking wordt gebruikt in het Amerikaans-Engels.

Hoe vind ik een uitdrukking?

De rijmende uitdrukkingen zijn
gealfabetiseerd op het kernwoord ervan.
Dat is het eerste zelfstandig naamwoord,
en als dat er niet is het eerste bijvoeglijk
naamwoord, en als dat er ook niet is het
eerste werkwoord. *Drunk as a skunk* is
daarom bij *skunk* te vinden en *too bad, so
sad* bij *bad*. Dit is alleen gedaan om het
gemakkelijker te maken een uitdrukking te
kunnen terugvinden.

ABUSE AND USE

misbruik en gebruik » *use and abuse*

SEE YOU LATER, ALLIGATOR

'zie je later, alligator' 🌐 Bill Haley

tot ziens » *see you later, alligator, in a while*
of *after a while,* **crocodile**

↔ *see you soon,* **baboon***; bye bye,* **butterfly**

HAVE ANTS IN THE PANTS

'mieren in de broek hebben' 💬 *Lipstick on your collar*

1 niet stil kunnen zitten **2** nerveus zijn
3 geil zijn

*Do you have ants in your pants? I've got ants
in my pants.*

ARRIVE ALIVE

'kom levend aan'

doe voorzichtig, pas op jezelf

ARTSY CRAFTSY

van *arts and crafts* 'kunst en nijverheid'

pretentieus artistiek

↔ *arty* farty

ARTY FARTY

van *art* 'kunst' en *fart* 'scheet' 🖵 *EastEnders*

pretentieus artistiek » *artsy fartsy*

↔ *artsy* craftsy

YOUR ASS IS GRASS AND I'M A LAWN MOWER

'je kont is gras en ik ben een grasmaaier' 🎥 *Good Morning, Vietnam*

de lul zijn, erbij zijn » *your ass is grass*

SEE YOU SOON, BABOON

'zie je gauw, baviaan'

tot ziens

↔ see you later, **alligator;** bye bye, **butterfly**

MAYBE BABY

'misschien baby'

1 mogelijke zwangerschap

2 je weet maar nooit!

→ **mama's** baby, papa's maybe

GET OFF MY BACK, JACK

'ga van mijn rug, Jack' 🎥 *Like Father Like Son*

laat me met rust

TOO BAD, SO SAD

'jammer, zo triest'

helaas pindakaas

BAG IT AND TAG IT

'pak het in en label het' 💻 *Roseanne*

inpakken en wegwezen » **snag** it, bag it and tag it

SHAG BAG

van *shag* 'neuken' en *bag* 'zak, tas'

slet

BEFORE YOU BAG HER, SHEATH YOUR DAGGER

⚓

doe je dolk in een foedraal voordat je haar neemt

HAVE A BALL, YA'LL

van *ball* 'danspartij'

veel plezier iedereen!

WANK BANK

van *wank* 'aftrekken' en *bank* 'databank'

verzameling pornografische afbeeldingen of films

BEAR IN THE AIR

'beer in de lucht'; *bear* betekent in Amerikaanse truckerstaal 'smeris'
🎥 *Convoy*

politievliegtuig of -helikopter

↔ *fly* in the sky; ***spy*** in the sky

WEIRDY BEARDY

→ *beardy* ***weirdy***

BEAVER CLEAVER

van *beaver* 'kut' en *cleaver* 'splijter'; ook: hoofdpersoon in de tv-
serie *Leave it to Beaver* 🎥 *Serial Mom*

1 pik 2 brave Hendrik

EVEN IF SHE'S EAGER PROTECT HER BEAVER

☝

bescherm haar poesje, zelfs als ze heel geil is

NO BEES, NO HONEY, NO WORK, NO MONEY

zonder bijen geen honing en zonder werk geen geld » *honey* gets money; *money* is honey; no *money*, no honey; nothing but *money* is sweeter than honey

NEAR BEER

'bijna bier'

alcoholvrij bier

EASY BEEZY

beezy komt van *bitch* 'teef'

slet

↔ *skeezy* *beezy*

SKEEZY BEEZY

skeezy komt van *sketchy* 'dubieus' en *sleazy* 'schunnig', *beezy* van
bitch 'teef'

slet

↔ *easy* **beezy**

FENDER BENDER

'bumperbutser' 🎥 *Smokey and the Bandit*

brokkenpiloot

→ *fender* **mender**

IT HAPPENS TO THE BEST, IT HAPPENS TO THE REST

'het overkomt de beste, het gebeurt met de rest' 🎥 *House of Games*

het kan de beste overkomen

STICK WITH THE BIG

'houd je vast aan de groten'

bij vooraanstaande mensen proberen te
blijven (om daar voordeel van te hebben)
You better stick with the big.

CHILL, BILL

'rustig Bill'

relax, doe rustig aan

↔ *settle, **Gretel***

THANKS A MILL, BILL

'miljoen keer bedankt, Bill'

heel veel dank!

SILLY BILLY

'onnozele Billy' ⬚ *The vicar of Dibley*

vreemde snoeshaan

DITCH THE BITCH

'loos die teef' 🎥 *True Lies*

loos die doos » *ditch the* **bitch** *and make the switch; ditch that* **son** *of a bitch*

DITCH THE BITCH AND MAKE THE SWITCH

'loos die teef en maak de overstap'

1 loos die doos en ruil haar in voor een ander **2** stop met vrouwen en stap over op mannen » *ditch the* **bitch**

RICH BITCH

'rijke teef'

kakwijf

BLAB IT AND GRAB IT

'kakel erover en pak het'

benoem het om er aanspraak op te maken

↔ **name** *it to claim it*

BLAST OF FAST

prettige sensatie van iets dat snel gaat

Get a blast of fast.

BLAST FROM THE PAST

prettige, nostalgische sensatie uit het verleden

Now there's a blast from the past.

BLOOM AND DOOM

🖵 *EastEnders*

bloei en ondergang » *doom and bloom*

→ **doom** *and gloom*

Why must I be the prophet of bloom and doom?

LOW BLOW

'lage klap' 🎥 *The Secret of my Success*

stoot onder de gordel

SLOW BLOW

van *blowjob*

langzame pijpbeurt

WHATEVER FLOATS YOUR BOAT

'wat jouw boot doet drijven' ▮ Kristin Hersh, *Paradoxical undressing*

ieder zijn meug, wat voor jou het best werkt

BOB IN THE SLOP

'Bob in de modder'

sukkel

↔ **Rob** *in the slop*

BOOB TUBE

van *boobs* 'tieten' en *tube* 'buis, koker'

1 tv **2** strak, strapless hempje of jurkje

YOU BOOZE, YOU LOSE

'als je drinkt, verlies je'

als je drinkt, ondervind je het nadeel ervan

↔ *too much* **booze**, *you lose*

TOO MUCH BOOZE, YOU LOSE

'te veel drank, jij verliest'

als je te veel drinkt, ondervind je het nadeel ervan

↔ *you* **booze**, *you lose*

BOOZE AND SNOOZE

zuipen en suffen » **pub**, *grub, booze and snooze*

BOP AND DROP

'slaan en laten vallen'

versieren en meteen weer dumpen

↔ **hit** *it and quit it*

BOP TILL YOU DROP

bop komt van *bebop*, een jazzstijl 🎵 Ry Cooder

dans tot je erbij neervalt

BOWL OF SOUL

van *bowl* 'schaal', en *soul music* 'soulmuziek' of *soul food* 'troosteten'

1 alleen maar soulmuziek **2** troosteten

BOY TOY

'jongensspeeltje'

1 vrouw voor seksueel plezier van een man

2 man voor seksueel plezier

→ *toy* boy

PASS THE BREAD, FRED

'geef het brood door, Fred' 📖 Joseph Heller, *Catch 22*

geef het brood even door

BREAK OR MAKE

→ *make* or break

BRO'S BEFORE HO'S

'broer voor hoer'; van *brother* en *hooker* 🖵 *House*

vrienden gaan voor vriendinnen

HEY BRO, WHAT DO YOU KNOW

'hé broer, wat weet jij'; van *brother*

had jij dat ooit verwacht, de wonderen zijn
de wereld nog niet uit

→ hey **bro,** go for what you know

HEY BRO, GO FOR WHAT YOU KNOW

'hé broer, doe wat je kunt'; van *brother*

doe waar je goed in bent

→ hey **bro,** what do you know

CRUISIN' FOR A BRUISIN'

'doorkruisen voor een kneuzing' 🖵 *A bit of Fry and Laurie*

solliciteren naar een klap

You are cruisin' for a bruisin'.

DO THIS LIKE BRUTUS

'doe dit zoals Brutus'; Brutus is de moordenaar van Caesar

1 achterbaks doen **2** met de Franse slag

Let's do this like Brutus.

GOOD FOR YOU, BUCKAROO

'leuk voor je, Buckaroo' 🖵 *Twin Peaks*

wat leuk voor je!

GOTTA GO, BUFFALO

'moet gaan, buffel'

ik moet ervandoor

↔ *gotta run, **skeleton**; it's **time** my feet hit the street*

SNUG AS A BUG IN A RUG

'knus als een kever in een tapijt'

heel behaaglijk

BURN IT, TO EARN IT

'verbrand het om het te verdienen' ▢ *The Cosby Show*

als je slank wilt zijn, moet je je inspannen

(om van je vet af te komen)

↔ **sweat** *it, to get it*

You've gotta burn it, to earn it.

WHAT'S UP, BUTTERCUP?

'wat is er, boterbloem?'

1 wat is er aan de hand, hoe zit het? **2** hoe is

het met je?

↔ *what's the **deal**, banana peel?*

BYE BYE, BUTTERFLY

'dag-dag, vlinder'

tot ziens

↔ *see you later, **alligator**; see you soon, **baboon***

DON'T BUY TILL YOU TRY

koop niets voordat je het geprobeerd hebt

CARE AND SHARE

▢ *Dame Edna*

verzorgen en verdelen » *share and care*

CASH AND DASH

incasseren en wegrennen

FLASH FOR CASH

'flitsen voor geld'; Australische truckerstaal

een snelheidsovertreding fotografisch
vastleggen

FLASH THE CASH

'het contante geld snel tonen' ☐ *PSI Factor*

tersluiks laten zien dat je voldoende geld
voor iets bij je hebt

STASH THE CASH

verberg de buit, het geld

CHERRIES AND BLUEBERRIES

'kersen en bosbessen'

rode en blauwe zwaailichten van een
Amerikaanse politieauto

CHEW AND SCREW

'kauwen en 'm smeren'

eten en weggaan zonder te betalen of aan andere verplichtingen te voldoen

↔ **chomp** and romp; **eat** and beat; **eat** and fleet; **grub** and snub; **mash** and dash

CHICKS NOT DICKS

'meisjes, geen pikken'

1 alleen vrouwen **2** (voor vrouwen) om te zeggen dat je lesbisch bent **3** (voor mannen) om te zeggen dat je hetero bent

→ **dicks** not chicks

It's chicks, not dicks.

CHICK WITH A DICK

'meisje, vrouw met een pik' 🎥 Boomerang

1 gestaafde dame **2** travestiet

CHICK FLICK

'vrouwenfilm'

film speciaal gericht op vrouwen

→ *prick* flick

CHILLS AND THRILLS

'koude rillingen en (aangename) spanningen'

spanning en sensatie

CHOMP AND ROMP

'kauwen en 'm smeren'

eten en weggaan zonder te betalen of aan andere verplichtingen te voldoen

↔ *chew* and screw; *eat* and beat; *eat* and fleet; *grub* and snub; *mash* and dash

CHOOSE AND LOSE

kies en verlies » *choose or lose*

CHOOSE OR LOSE

→ *choose* and *lose*

CHOOSE TO LOSE

'kiezen om te verliezen'

kies ervoor om gewicht te verliezen

COCK OF THE WALK

van *cock* 'haan' en *walk* 'plaats waar iemand veel komt'

1 zelfingenomen kwast **2** dominante man

COUNTY MOUNTY

van *county* 'district' en *mounty* '(Canadese) bereden politie'

🎥 *Smokey and the Bandit*

sheriff of assistent-sheriff (*deputy*)

A CRANK WITH ARMOR WILL NEVER HARM HER

⌀

een bepantserde krukas kan haar geen kwaad doen

WANK MY CRANK

van *wank* 'aftrekken' en *crank* 'pik'

trek me af

IN A WHILE, CROCODILE

'over een poosje, krokodil'

over een poosje » *see you later, **alligator**, in a while, crocodile* of *after a while, crocodile*

CRYING AND LYING

huilen en liegen » *lying and crying*

→ ***prying** and lying*

CUFF AND STUFF

'handboeien om doen en ergens in proppen'

arresteren

LEAN CUISINE QUEEN

van *lean cuisine* 'magere keuken' (en een merk magnetronmaaltijden) en *queen* 'homo'

homo die erg op zijn dieet let

STUPID CUPID

🎵 *Neil Sedaka*

stomme Cupido

CUSHION FOR THE PUSHIN'

'(stoot)kussen om tegen te duwen'

(dikke) billen om te neuken

She isn't fat, she's got some awesome cushion for the pushin.

DANCING AND ROMANCING

dansen en romantisch doen, flirten, het
gezellig maken om iemand te versieren

» *romancing and dancing*

DATE BAIT

'lokaas om een afspraakje te kunnen maken'

iets waarmee iemand geïnteresseerd raakt
om een afspraakje te maken

A HOT DATE CAN'T WAIT

'een sexy persoon met wie je een afspraak hebt, kan niet wachten'

laat een sexy vrouw niet wachten (want dan
ben je haar kwijt)

WHAT'S THE DEAL, BANANA PEEL?

'wat is er, bananenschil?'

1 wat is er aan de hand, hoe zit het? **2** hoe
gaat het?

↔ *what's up, **buttercup**?*

A REAL DEAL

🖥 *The Wonder Years*

een koopje

→ *the real* **deal**

THE REAL DEAL

🎥 *Brewsters Millions*

1 waar het echt om gaat **2** echt, geen namaak

→ *a real* **deal**

SEAL THE DEAL

bezegel de overeenkomst

A drink to seal the deal.

DEALS ON WHEELS

'overeenkomsten op wielen' 🖥 *EastEnders*

1 afspraken die op rolletjes gaan

2 (van auto's) koopjes op wielen

DEALING AND WHEELING

→ *wheeling* and dealing

DICKS NOT CHICKS

'pikken, geen meisjes' ▫ *The Millionaire Matchmaker*

1 alleen mannen **2** (voor mannen) om te zeggen dat je homo bent **3** (voor vrouwen) om te zeggen dat je hetero bent

↔ strictly **dickly**

→ **chicks** not dicks

It's dicks, not chicks honey.

LICK A DICK

'lik een pik'

sodemieter op

STRICTLY DICKLY

'strikt pikgericht'

1 alleen mannen **2** (voor mannen) om te zeggen dat je homo bent **3** (voor vrouwen) om te zeggen dat je hetero bent

↔ **dicks** not chicks

TRICKY DICKY

'bedrieglijke Dick'; bijnaam voor Richard Nixon

linke Loetje

DINE AND WINE

→ **wine** and dine

DIRT IN A SKIRT

'vuil in een rok'

slet

She's all dirt in a skirt.

YOU CAN'T GO WRONG IF YOU SHIELD YOUR DONG

het kan niet fout gaan als je je pik beschermt

DOOM AND BLOOM

→ *bloom* and doom

DOOM AND GLOOM

'ondergang en droefgeestigheid' 🖵 *EastEnders*

kommer en kwel » *gloom and doom*

→ *bloom* and doom

It's not all doom and gloom.

LET THE DOOR KNOB HIT YOU, WHERE THE GOOD LORD SPLIT YOU

'laat de deurlink je raken waar Onze-Lieve-Heer je heeft gespleten'

🎥 *O.C. and Stiggs*

sodemieter op

IF IN DOUBT, LEAVE IT OUT

'als je twijfelt, laat het dan weg' 🖳 *The Lakes*

bij twijfel niet doen » *when in doubt, leave it out; if* of *when in doubt, dike it out; if* of *when in doubt, blurt it out*

NO DOUGH, NO SHOW

van *dough* 'geld' 🎥 *Three Amigo's*

zonder geld gebeurt er niets

DREAMERS AND SCHEMERS

🎥 *The X-Creatures*

dromers en intriganten

There are dreamers and schemers.

DRESS TO IMPRESS

kleed je zo dat je indruk maakt

FUCK A DUCK

'neuk een eend'

shit!

Fuck a duck, I just missed the train.

NUDE DUDE

naakte vent

IF I'M DYING, I'M LYING

→ *if I'm **lying**, I'm dying*

LEGAL EAGLE

'rechtskundige adelaar'

jurist

CHEERS, BIG EARS

'dankjewel *of* proost, grote oren'

1 dank! **2** proost! » *cheers, big ears – same goes, big **nose***

EASY PEASY

van *easy as pie* 'fluitje van een cent' ▢ *The vicar of Dibley*
🎥 *Shawshank Redemption*

een makkie » *easy peasy lemon squeezy;
easy peasy Japanese*

EAT AND BEAT

'eten en 'm smeren'

eten en weggaan zonder te betalen of aan
andere verplichtingen te voldoen

↔ *chew* and screw; *chomp* and romp; *eat* and fleet; *grub* and
snub; *mash* and dash

EAT IT AND BEAT IT

accepteer het en overwin het

EAT IT OR BEAT IT

slikken of stikken

EAT AND FLEET

'eten en vluchten'

eten en weggaan zonder te betalen of aan
andere verplichtingen te voldoen

↔ *chew* and screw; *chomp* and romp; *eat* and beat; *grub* and
   snub; *mash* and dash

NO EAT, NO SEAT

'geen eten, geen zetel' 🎥 *Cadillac Man*
consumptie verplicht

FROM EIGHT TILL LATE

'vanaf acht tot laat'

vanaf acht uur 's avonds tot in de kleine
uurtjes

DON'T HIDE YOUR EYES, PLAGIARIZE

'sluit je ogen niet, maar plagieer'

beter goed gestolen, dan slecht verzonnen

EYE IN THE SKY

'oog in de lucht'

videobewaking

FACE IT, SO YOU CAN REPLACE IT

'zie het onder ogen, zodat je het kunt vervangen' ▌ Philip
McGraw, *Life Strategies*

kom ervoor uit, zodat je er iets tegen kunt
doen

FAIR AND SQUARE

→ **square** and fair

FAKE IT TILL YOU MAKE IT

'doe net alsof, totdat je het gemaakt hebt'

doe alsof je het helemaal gemaakt hebt,
totdat je het echt helemaal gemaakt hebt

CLAIM TO FAME

aanspraak op beroemdheid

This could be my claim to fame.

FANCY SCHMANCY

van *fancy* 'duur en modieus'

opgedofd

HOW FAT CAN YOU GET!?

'hoe vet kun je worden?' ▮ Sue Townsend, *The secret diary of Adrian Mole*

wat een dikke persoon!

FIGHT OR FLIGHT

▮ Philip McGraw, *Life Strategies*

vechten of vluchten

A fight or flight response.

SINK THAT FINK

⬜ *Mash*

zorg dat die rotzak verdwijnt

We need a way to sink that fink.

FIRE AND HIRE

→ **hire** *and fire*

BACK IN A FLASH WITH THE HASH

'in een flits terug met het voer *of* de hash' 🎥 *Play Misty for me*

zo terug met het eten *of* de hash

SAVOUR THE FLAVOUR

geniet van de smaak

GO WITH THE FLOW

'ga mee met de stroom'

1 neem het zoals het komt **2** ga op in wat je doet

You've got to go with the flow.

FLY IN THE SKY

'vlieg in de lucht'; Amerikaanse truckerstaal

politievliegtuig of -helikopter

↔ **bear** *in the air;* **spy** *in the sky*

WRAP IT IN FOIL BEFORE CHECKING HER OIL

wikkel 'm in folie voordat je haar olie peilt

DON'T BE A FOOL, COVER YOUR TOOL

�།

wees geen sukkel en bedek je gereedschap

↔ *don't be silly, protect your **Willy***

IF IT'S FREE, IT'S FOR ME

als het gratis is, is het voor mij

FUCK AND SUCK

→ ***suck** and fuck*

THE FUNGUS IS AMONG US

'de paddenstoel is onder ons'

er zijn paddo's

GAGGING AND SHAGGING

'kokhalzen en neuken'

(diep) pijpen en neuken » *shagging and gagging*

NO GAIN WITHOUT PAIN

'geen gewin zonder pijn' 🎥 *Arthur 2*

(in sport) je hebt geen succes als je er niet heel hard voor werkt

↔ *no **pain** no gain*

There's no gain without pain.

GAL PAL

van *gal* 'vrouw' en *pal* 'vriend'

1 vriendin **2** man die vooral met vrouwen omgaat

GALS AND PALS

→ ***pals** and gals*

THE NAME OF THE GAME

'de naam van het spel'

1 daar waar het om draait, dat wat de toon aangeeft 2 de regels

GANG BANG

'groepsseks'

groepsverkrachtig

PASS SOME GAS

'er wat gas langs laten'

een scheet laten

I've got to pass some gas.

FLASH THE GASH

van *flash* 'exhibitioneren' en *gash* 'kut'

kort het vrouwelijk geslachtsdeel ontbloten en tonen

CURLY GIRLY

meisje met krulhaar

GLOOM AND DOOM

→ *doom* and gloom

GLOVE OF LOVE

'liefdeshoes'

condoom

→ no *glove*, no love

NO GLOVE, NO LOVE

'geen hoesje, geen liefde' 🎥 *The World According to Garp*

geen condoom, geen seks » *no love without the glove*

→ *glove* of love

WHAT'S COOKIN' GOOD LOOKIN'?

van *cook* 'gebeuren, plaatsvinden' en *good looking* 'schoonheid'

hoe gaat het?

LOOSE GOOSE

'vrije gans' 🎥 *Earth Angel*

een coole, zelfstandige persoon » **loosy**
goosey

GREATEST AND LATEST

→ **latest** and greatest

THE MORE GREEN THE MORE SCENE

'hoe meer groen, hoe meer er te zien is'; van *green*, de kleur van
dollarbiljetten 🎥 *Twenty Bucks*

hoe meer je betaalt, hoe meer je te zien krijgt

→ you can't make the **scene** if you don't have the green

SETTLE, GRETEL

'stop het gedoe, Gretel'

relax, doe rustig aan

↔ chill, **Bill**

THE GROOVE THAT'LL MAKE YOU MOVE

🔊 Lafayette, Louisiana

de stemming die je in beweging zet, aan het dansen krijgt » **grooving** and moving
Get into the groove that'll make you move.

GROOVING AND MOVING

✹ OMC

je prettig voelen en bewegen, dansen
» the **groove** that'll make you move
Keep on groovin' and movin'.

GRUB AND SNUB

'eten en negeren'

eten en weggaan zonder te betalen of aan andere verplichtingen te voldoen

↔ *chew* and *screw;* **chomp** and *romp;* **eat** and *beat;* **eat** and *fleet;* **mash** and *dash*

HOLY GUACAMOLE

'heilige guacamole'

godskelere! » *holy moly guacamole*

↔ **holy** *moly*

GET THOSE GUMS AROUND MY PLUMS

'doe dat tandvlees om mijn pruimen' 🖵 *Coogans Run*

pijp me, lik m'n ballen

GUYS WITH TIES

'mannen met dassen' 🎥 *Mad Money*

mannen in driedelig grijs, managers

HANGING AND BANGING

van *hang* 'rondhangen' en *bang* 'neuken'

niksen en neuken

HANGIN' FOR A BANGIN'

van *hanging* 'snakken naar' en *banging* 'seks'

1 zo geil als boter zijn **2** zich gedragen als iemand die seks wil

She's hangin' for an bangin'.

HANKY PANKY

geflikflooi

NO HASSLE IN MY CASTLE

'geen gedoe in mijn kasteel'; van *my home is my castle*

geen gekijf thuis met mijn partner

HASTE MAKES WASTE

'haast maakt troep'

haastige spoed is zelden goed

BEAT THE HEAT

van *beat* 'verslaan' en *heat* 'warmte, smeris'

1 doorsta het warme weer **2** versla de smeris

IF YOU GO INTO HEAT, PACKAGE THAT MEAT

☕

verpak het vlees voordat je de warmte ingaat

HECTOR THE TAX COLLECTOR

'Hector de tollenaar'

belastingman

HELL'S BELLS

'klokken van de hel' ▌ W. Michael Gear & Kathleen O'Neal Gear, *People of the Fire*

godskelere!

Hell's bells, I've been digging for arrowheads for years.

HELTER SKELTER

onrust, beroering

HI AND GOODBEYE

'hallo en dag' 🎥 *Sleepless in Seattle*

wegwezen!

DON'T HIDE IT, PROVIDE IT

🎙 *Foetus*

verberg het niet, maar geef het

HIGGLEDY PIGGLEDY

rommelig, schots en scheef

HIGH AND DRY

hoog en droog

TAKE A HIKE, MIKE

'ga wandelen, Mike'

sodemieter op » hey **Mike**, take a hike

HIPS OR LIPS

'heupen of lippen'

neuken of pijpen » lips or hips

→ **suck** and fuck

HIRE AND FIRE

aannemen en ontslaan » fire and hire

HIT IT AND QUIT IT

'versier het en verlaat het'

versier iemand en dump die meteen weer

↔ **bop** and drop

HOITY TOITY

van *hoit* 'de dwaas spelen' 🖵 *The Thin Blue Line*

kakkerig, snobbistisch

HOKEY POKEY

1 hocus pocus **2** bepaalde dans

NO-GO HOLE

'gat waarin je niet mag gaan'

anus

HOLY MOLY

'heilige (guaca)mole' 🖵 *Mash*

godskelere! » *holy moly* **guacamole**; *holy schmoly*

↔ *holy* **guacamole**

HONEY BUNNY

aantrekkelijk vrouw, snoezepoes

HONEY GETS MONEY

'honing zorgt voor geld' 📺 *Hill Street Blues*

vliegen vang je met stroop » *no **bees**, no honey, no work, no money; **money** is honey; no **money**, no honey; nothing but **money** is sweeter than honey*

HOOTCHIE COOTCHIE

🎵 Muddy Waters

seks, seksueel getint

A hootchie cootchie man.

NO WAY, HOSEY

'zeker niet, Hosey'; uitgesproken als /choosee/

bekijk het maar, dat had je gedroomd

↔ *no way, **José***

HOSTESS WITH THE MOSTEST

'gastvrouw met het allermeest' ▢ *EastEnders*

toegewijde gastvrouw die iedereen wil plezieren

WHAT'S HOT AND WHAT'S NOT

wat is in en wat niet

NO TELL HOTEL

'niet-vertel hotel'

slippertjeshotel, huur-per-uurhotel

↔ *no tell* **motel**

HOTSY TOTSY

▢ *All in the Family*

helemaal in orde, perfect

It's all hotsy totsy now.

HUFFING AND PUFFING

▣ *Murder most horrid*

1 loze bedreigingen en protesten **2** hijgend en puffend » **huffy** puffy

HUFFY PUFFY

'humeurig' ▣ *Inspector Morse*

boos, opgefokt » **huffing** and puffing

A HUNK OF JUNK

'een hoop rommel' 🎥 *Grease*

1 roestbak, schroothoop op wielen **2** rotzooi

HURLY BURLY

rumoer, herrie

HUSTLE AND BUSTLE

drukte en gedoe

IMPROVE OR MOVE

🖵 *The Factory*

verbeter of verhuis » *move or improve; don't*
move, *improve*

BACK IN A JACK

van *before you can say Jack Daniels* 'als de gesmeerde bliksem'
🖵 *The New Adventures of Superman*

zo terug

↔ *back in a* **sec**

TAKE A STEP BACK, JACK

'neem een stap terug, Jack'

niet zo snel, denk er nog even over na

MEAN JEAN

'gemene Jean'

valse, achterbakse vrouw

68

JEEPERS CREEPERS

verlenging van *Jesus* 🎥 *North*

jeetje!

YOU WISH, JELLYFISH

van *jellyfish* 'kwal'

dat zou je wel willen!

NEVER WORK FOR A JERK

📕 Patricia King

werk nooit voor een eikel

SHOCK JOCK

van *shock* 'choqueren' en *jock* 'diskjockey'

diskjockey die aandacht probeert te trekken
door te choqueren

HEY JOE, LET'S BLOW

'hé Joe, laten we 'm smeren' 🎥 *Rumble fish*

laten we weggaan

LET'S GO, JOE

'laten we gaan, Joe'

kom op, we gaan

JOHN DOE ON THE TOE

van *John Doe* 'onbekende dode' en het label waarop die naam

aan de teen wordt bevestigd

onbekend lijk in het mortuarium

NO WAY, JOSÉ

'op geen enkele manier, José'; uitgesproken als /choosee/ of

/djosee/

bekijk het maar, dat had je gedroomd

↔ *no way,* **Hosey**

JUICY GOOSEY

'sappig gansachtig' ▢ *The Millionaire Matchmaker*

nat (geil)

It's juicy goosey downstairs.

SHADY LADY

van *shady* 'dubieus'

onbetrouwbare vrouw

STEADFAST TO THE LAST

▢ *Around the World in 80 Days*

standvastig tot het eind

LATEST AND GREATEST

nieuwste en beste » *greatest and latest*

LEAN AND MEAN

'slank en imposant'

rechttoe rechtaan, efficiënt » *mean and lean; lean mean fighting machine*

SET YOURSELF FREE, LEE

'bevrijd jezelf, Lee'

doe waar je zin in hebt

LICK IT BEFORE YOU DICK IT

'lik het voordat je je pik erin steekt'

eerst beffen, dan neuken

↔ *lick it before you stick it*

LICK IT BEFORE YOU STICK IT

'lik het voordat je hem erin steekt'

eerst beffen, dan neuken

↔ *lick it before you dick it*

RIGHT AT THE LIGHT

rechtsaf bij het verkeerslicht

Turn right at the light.

LIPS OR HIPS

→ **hips** *or lips*

LOOSE LIPS SINK SHIPS

'van loslippigheid kunnen schepen zinken' **",** US Office of War
Information

houd je mond of er gebeuren erge dingen

UNZIP YOUR LIP

'rits je lippen los'

zeg (eindelijk eens) wat

→ *zip your* **lip**

ZIP YOUR LIP

'rits je lippen dicht' ▌ *Mad Magazine*

houd (eindelijk eens) je mond

→ *unzip your **lip***

LIPSTICK ON A PIG

'lipstick op een varken'

al draagt een aap een gouden ring, het
is en blijft een lelijk ding; een vlag op een
modderschuit

CHOP CHOP, LOLLIPOP

'vlug-vlug, lolly'

schiet eens op!

ONLY THE LONELY

🌐 Frank Sinatra, Roy Orbison

alleen de eenzamen

LOOSY GOOSEY

🎥 *Play Misty for me*

losjes » *loose **goose***

JEEZ LOUISE

'jeetje Louise'; van *Jesus* 🖥 *Mad about you*

echt waar!? » *jeez Louise in a handbag*

NO LOVE WITHOUT THE GLOVE

→ *no **glove**, no love*

LOVE IT OR SHOVE IT

'houd ervan of hoepel maar op'

vind het goed of bekijk het maar

TOUGH LOVE

1 onaardig, streng voor iemands eigen bestwil **2** sm

HOW LOW CAN YOU GO?

'hoe laag kun je gaan?'

hoe diep kun je zinken?

LOW AND SLOW

'onder een bepaalde standaard en traag'

met weinig middelen en langzaam » *slow and low*

I travel low and slow.

JUICY LUCY

'sappige Lucy'

geile vrouw

↔ *juicy **pussy***

LYING AND CRYING

→ ***crying** and lying*

IF I'M LYING, I'M DYING

'als ik lieg, sterf ik' 📺 *Quantum Leap*

ik mag sterven als het niet waar is » *if I'm dying, I'm lying*

↔ *if I'm **lying**, I'm flying*

IF I'M LYING, I'M FLYING

'als ik lieg, vlieg ik' 📺 🎬 *Money Train*

ik mag sterven als het niet waar is

↔ *if I'm **lying**, I'm dying*

MAKE OR BREAK

1 maken of breken **2** erop of eronder » *break or make*

IF YOU CAN MAKE IT THERE, YOU'LL MAKE IT ANYWHERE

📺 *Bergerac* 🎤 Frank Sinatra

als je het daar kunt maken, kun je het overal maken

MAKERS AND SHAKERS

'makers en bewegers'; variatie op *movers and shakers* 🖸
EastEnders

mensen die ertoe doen

MAMA'S BABY, PAPA'S MAYBE

'mama's baby, papa's misschien'

de baby van mama, maar ook die van
papa?

→ *maybe* **baby**

MAMBO JAMBO

geleuter, onzin

MAMBY PAMBY

eigenlijk: *namby pamby*

te slap, te zachtaardig

↔ **namby** *pamby*

MAN WITH THE PLAN

'de man met het plan' 🎥 *The Usual Suspects*

degene met de ideeën, de slimste

IF A MAN CAN'T PLAY, HE SHOULD STAY AWAY

'als een man niet kan spelen, moet hij wegblijven' 🎥 *House of Games*

als je niet durft, moet je niet komen

A MAN WITH STYLE IS A MAN WHO CAN SMILE

'een man met stijl is een man die kan lachen' 🎥 *House of Games*

als je stijlvol bent, laat je je niet kennen

YOU'VE GOT TO PARTY HARDY, MARTY

'je moet hard feesten, Marty' 📺 *Mash*

feest als een beest

→ *when I **party**, I party hardy*

STARVIN' MARVIN

'uitgehongerde Marvin'

uitgehongerde persoon » *starvin' like Marvin*

I'm a starvin' Marvin.

HAIRY MARY

'harige Mary' ◻ *Mash*

vrouw met veel lichaamshaar

MASH AND DASH

'prakken en wegrennen'

eten en weggaan zonder te betalen of aan andere verplichtingen te voldoen » *splash, mash and dash*

↔ *chew* and screw; *chomp* and romp; *eat* and beat; *eat* and fleet; *grub* and snub

TOO LATE MATE

te laat vriend

RELAX, MAX

'ontspan, Max'

probeer je toch te ontspannen

MEAN AND LEAN

→ *lean* and mean

BEAT THE MEAT

'sla het vlees'

masturberen

MEET AND GREET

'ontmoeten en groeten'

korte ontmoeting ter kennismaking

FENDER MENDER

'bumperuitdeuker'

persoon die auto's uitdeukt

→ *fender* **bender**

NO MESS, NO PRESS

'geen bende, geen pers'

als er niets gebeurt, krijg je ook geen media-
aandacht

HEY MIKE, TAKE A HIKE

'hé Mike, ga wandelen'

sodemieter op » take a **hike**, Mike

BAG THE MOLE, THEN DO HER HOLE

♤

doe een hoes om de mol, ga dan in haar hol

GOOD GOLLY, MISS MOLLY

van *golly*, uitroep van lichte verbazing 🎵 Chuck Berry

mijn hemel!

A MOMENT ON THE LIPS, A LIFETIME ON THE HIPS

'een momentje op de lippen, levenslang op de heupen' ◻ *Chef!*

ieder pondje gaat door het mondje

↔ **taste** *makes waist*

MONEY TALKS, BULLSHIT WALKS

'geld spreekt, onzin loopt'

niet met praatjes, maar met geld krijg je alles gedaan

↔ **money** *talks, everybody walks;* **money** *talks, nobody walks*

MONEY TALKS, EVERYBODY WALKS

'geld spreekt, iedereen loopt'

met geld krijg je iedereen in beweging

↔ **money** *talks, bullshit walks;* **money** *talks, nobody walks*

MONEY TALKS, NOBODY WALKS

'geld spreekt, niemand loopt'

als het om geld gaat, luistert iedereen naar je

↔ *money talks, bullshit walks;* *money talks, everybody walks*

THE MONEY AND THE FUNNY

'het geld en de grappigheid' 🖵 *The Millionaire Matchmaker*

niet alleen geld hebben, maar ook nog eens
leuk zijn
She's got the money and the funny.

MONEY IS HONEY

'geld is honing' 🎥 *The Producers*

met geld krijg je alles voor elkaar; om het
aangenaam te hebben, heb je geld nodig

» *no* **bees**, *no honey, no work, no money;*
honey *gets money; no* **money**, *no honey;*
nothing but **money** *is sweeter than honey*

NO MONEY, NO HONEY

'geen geld, geen honing'

zonder geld krijg je niets aangenaams » *no bees, no honey, no work, no money;* **honey** *gets money;* **money** *is honey; nothing but* **money** *is sweeter than honey*

NOTHING BUT MONEY IS SWEETER THAN HONEY

'niets dan geld is zoeter dan honing'

niets is zo aangenaam als geld » *no* **bees**, *no honey, no work, no money;* **honey** *gets money;* **money** *is honey; no* **money**, *no honey*

NO TELL MOTEL

'niet-vertel motel'

slippertjesmotel, huur-per-uurmotel

↔ *no tell* **hotel**

HEY MOTHER, WANT ANOTHER?

van *motherfucker* 'klootzak'

hé klootzak, moet je nog een klap?

DON'T MOVE, IMPROVE

▢ *The Factory*

verhuis niet, maar verbeter » ***improve*** *or move*

MOVE OR IMPROVE

→ ***improve*** *or move*

GROOVY MOVIE

hippe film

NO MUFF TOO TOUGH

van *muff* 'kut'

niet kieskeurig op seksueel gebied

NO MUSS, NO FUSS

🎥 *Sea of Love*

geen troep, geen gedoe

NAMBY PAMBY

slap, zachtaardig

A bunch of freaking namby pamby girly men.

↔ **mamby** pamby

NAME IT TO CLAIM IT

📖 Philip McGraw, *Life Strategies*

benoem het om er aanspraak op te maken

» *name it and claim it*

↔ **blab** it and grab it

... IS MY NAME AND ... IS MY GAME

🎥 *O.C. & Stiggs*

... is mijn naam, en ... is waar ik alles van
weet, waar ik goed mee overweg kan

Kristine is my name and hair is my game.

THE MORE SCRIBBLE THE NAME, THE BIGGER THE FAME

🎥 *The King of Comedy*

hoe slordiger de naam is geschreven, hoe beroemder iemand is

NAMING AND SHAMING

'noemen en beschamen'

bekendmaken om voor schut te zetten

WHAT NATURE HAS FORGOTTEN, YOU CAN STUFF WITH COTTON

wat de natuur is vergeten te doen, kun je opvullen met katoen

NEAR AND DEAR

'naasten en geliefden' 🎥 *A Clockwork Orange*

familie en vrienden » *nearest and dearest*

NERDS OF A FEATHER FLOCK TOGETHER

variatie op *birds of a feather flock together* 'dezelfde vogels vliegen samen'

soort zoekt soort

GUESS THE NEWS: YOU LOSE

'raad het nieuws: jij verliest' 🎥 *The Color of Money*

weet je wat? Jij bent de lul

SPILL THE NEWS AND YOU WEAR CEMENT SHOES

'verklap het nieuws, dan draag je schoenen van cement'; *cement shoes* staat voor een maffiamanier om iemand te verdrinken

📺 *Mash*

als je het verraadt, zal het je slecht vergaan

HERE'S SOME NEWS YOU CAN USE

hier is wat informatie waar je iets aan hebt

NITTY GRITTY
de kern, de essentie
Let's get down to the nitty gritty.

N, O, NO, G, O, GO
nee, en nu wegwezen

UP YOUR NOSE WITH A RUBBER HOSE
'je neus in met een rubberen slang'
dat gaat je niets aan
Where's Robin? Up your nose with a rubber hose!

SAME GOES, BIG NOSE
'hetzelfde geldt (voor jou), grote neus'
insgelijks! » *cheers, big **ears** – same goes, big nose*

NUDE AND RUDE

🐾 *Iggy Pop*

naakt en onbeschoft

ODDS AND SODS

'ongeregeldheden en zeurkousen' ▢ *Red Dwarf*

1 groep zeer verschillende mensen
2 verzameling zeer verschillende dingen

OKEY DOKEY

oké » *okey dokey doggy daddy*

OUT AND ABOUT

'uit en op verschillende plaatsen'

op stap (ook: samen met homo's)

OUT AND PROUD

'uit en trots'; van *coming out (of the closet)* 'ervoor uitkomen homo
te zijn'
er trots op zijn, het fijn vinden om openlijk
homoseksueel te zijn

NOTHING SAYS LOVIN' LIKE
SOMETHING FROM THE OVEN

'uit niets blijkt zoveel liefde als iets dat uit de oven komt'
📺 *Married with Children*
de liefde (van de man) gaat door de maag

OVERT AND COVERT

'openlijk en stiekem'
allerlei verschillende soorten activiteiten

IF IT'S NOT ON THE PAGE, IT'S NOT
ON THE STAGE

staat het niet in het script, dan komt het ook
niet op het toneel, in de film

NO PAIN NO GAIN

'geen pijn, geen gewin' *Hot shots! Part Deux*

(in sport) je hebt geen succes als je er niet heel hard voor werkt

↔ no **gain** without pain

PALS AND GALS

Grease

vrienden en vrouwen » *gals and pals*

TO BE LATE ON PARADE

'te laat op het appèl zijn'

te laat op een afspraak komen

HARD TO PART

moeilijk om afscheid te nemen, om weg te gaan

WHEN I PARTY, I PARTY HARDY

'als ik feest, feest ik hard'

ik ben een feestbeest » *you've got to party hardy, Marty*

I hardly party, but when I party, I party hardy.

PAUSE FOR A CAUSE

'pauze voor een goede zaak'

een moment voor iets belangrijks » *pause for the cause*

Take a pause for a cause.

INCREASE THE PEACE

'laat de vrede toenemen' 🎥 *Boyz n the Hood*

stop met geweld

PEDAL TO THE METAL

'pedaal tegen het metaal'

plankgas

Put the pedal to the metal.

SNEAK PEEK

1 stiekeme blik **2** een korte blik » *sneaky peeky*
He took a sneak peek at her cleavage.

PELL MELL

verward, gehaast

NO PENIS BETWEEN US

'geen pik tussen ons in' 🎥 *Jungle Fever*

alleen vrouwen, geen mannen
There will be no penis between us.

THE PHRASE THAT PAYS

📺 *Frasier*, 🔊 Charlotte, North Carolina

(bij radiospelletjes) de (slag)zin waarmee je wint

PICKLE TICKLE

van *pickle* ('augurk') 'pik' en *tickle* 'kietelen'

1 seks hebben **2** aftrekken » *tickle his pickle*

CHILL PILL

pil om rustig van te worden

Take a chill pill.

SINK THE PINK

van *sink* 'iets ergens inbrengen' en *pink* 'vrouwelijk geslachtsdeel'

neuken

PLASTIC FANTASTIC

'plastic pracht'

strak door plastische chirurgie, onechte schoonheid

YOU PLAY, YOU PAY

Philip McGraw, *Life Strategies*

als je meedoet, moet je de consequenties
dragen

THE PLOT THICKENS AND SICKENS

variatie op *the plot thickens* 🎥 *The Client*

de plot wordt complexer en onplezieriger

ONCE YOU POP YOU CAN'T STOP

❝ zoutjesfabrikant

nadat je het deksel eraf hebt laten ploppen,
kun je niet meer stoppen

PRICK FLICK

'pikkenfilm'

film speciaal gericht op mannen

→ **chick** *flick*

PRICK LICK

'piklik'

pijpen

THE PRIME OF THE SLIME

het allerbeste van de slijmballen

WHAT'S THE PRO, BRO?

van *problem* en *brother*

wat is nu helemaal het probleem, vriend?

THE PROOF IS ON THE ROOF

" dakbedekker

de bewijsstukken liggen op het dak

PRYING AND LYING

rondneuzen en liegen » ***spying***, *prying and lying*

→ ***crying*** *and lying*

PUB GRUB

'kroegvoer'

eten in een café

PUB, GRUB, BOOZE AND SNOOZE

▢ *EastEnders*

(gezegd van een volmaakt Engels dagje uit)
kroeg, eten, zuipen en suffen » ***booze** and
snooze*

A PUMP AND DUMP

van *pump* 'neuken' en *dump* 'lozen'

een onenightstand

DROP DEAD PUMPKIN HEAD

'val dood, pompoenhoofd' 🎥 *O.C. & Stiggs*

val dood, idioot

JUICY PUSSY

'sappig poesje'

geil poesje

↔ *juicy Lucy*

RAZZLE DAZZLE

luidruchtig en spannend » *Rzl*, *Dzl*

REJECTION OR SELECTION

🖵 *Roseanne*

afgewezen of aangenomen » *selection or rejection*

BRIEF RELIEF

kortstondige opluchting, verlichting

BEST OF THE REST

1 beter dan de rest, dan alle anderen **2** de nummer twee in een wedstrijd

BIG RIG
grote vrachtwagen

RING STING
'ringprik' 📺 *The Royle Family*
(gezegd als gevolg van pittig eten)
brandering gevoel in de anus

ROB IN THE SLOP
'Rob in de modder'
sukkel
↔ *Bob* in the slop

ROCKET IN THE POCKET
'raket in je broekzak' 📺 *Plastic Fantastic*
stijve

ROGER DODGER
van *Roger* 'oké'
oké

ROMANCING AND DANCING
→ **dancing** and romancing

NOSEY ROSIE
🎥 Miami Blues

nieuwsgierig aagje

ROUGH AND TOUGH
→ **tough** and rough

PUMP MY RUMP
van pump 'neuken' en rump 'achterste'

neuk me van achteren

RZL, DZL
luidruchtig en spannend » **razzle** dazzle

PASS THE SALT, WALT

'geef het zout door, Walt' ▌ Joseph Heller, *Catch 22*

geef het zout even door

YOU SAY IT, WE PLAY IT

◀)) *Kicks 96*, Savannah, Georgia

u vraagt, wij draaien

SAY IT, DON'T SPRAY IT

'zeg het, sproei het niet'

niet met consumptie spreken

YOU CAN'T MAKE THE SCENE IF YOU DON'T HAVE THE GREEN

'je kunt niet bij de groep horen als je het groen niet hebt'; van *green*, de kleur van dollarbiljetten 🎥 *The Mask*

zonder geld heb je geen enkele invloed

→ *the more green the more scene*

LOOP TO SNOOP THE SCOOP

'rondje om te speuren naar een primeur' 🖵 *Ally McBeal*

rondneuzen om de roddels bij te houden

She wants me to loop to snoop the scoop.

SCRATCH AND MATCH

❝❞ krasloten

kras en kijk of het overeenkomt

BACK IN A SEC

van *sec* 'seconde'

zo terug

↔ *back in a* **Jack**

SEE YOU, DON'T WANT TO BE YOU

tot ziens, maar ik zou nooit jou willen zijn

» *see you, wouldn't want to be you*

SELECTION OR REJECTION

→ *rejection* or selection

SEX ON LEGS

'seks op benen'

seksueel aantrekkelijke vrouw

MADE IN THE SHADE

'gemaakt in de schaduw'

helemaal gemaakt

I've got it made in the shade.

SHAGGING AND GAGGING

→ *gagging* and shagging

SHAKE AND BREAK

'(handen) schudden en verbreken'

de relatie netjes verbreken

SHAKE IT, DON'T BREAK IT

'schud het, maar breek het niet'

wees niet zo enthousiast dat je er nadeel van hebt » **shake** it, don't break it, it took too long to make it

SHAKE IT, DON'T BREAK IT, IT TOOK TOO LONG TO MAKE IT

'schud ermee, maar breek het niet, want het kostte te veel tijd om het te maken'

gezegd van een vrouw die heupwiegend loopt, dus met haar kont schudt » **shake** it, don't break it

SHARE AND CARE

→ **care** and share

DARE TO SHARE

durf te delen

CHOP SHOP

van *chop* 'hakken' en *shop* 'winkel' 🎥 *Big Trouble*

1 slagerij 2 garage waar onderdelen van gestolen auto's worden verhandeld

SHOP TILL YOU DROP

winkel tot je wankelt

SIT ON IT

'ga erop zitten' 💬 *Happy Days*

(gezegd bij opgestoken middelvinger) krijg de klere » *sit on it and spin*

GOTTA RUN, SKELETON

'moet rennen, skelet'

ik moet ervandoor

↔ *gotta go,* **buffalo;** *it's* **time** *my feet hit the street*

SKILLS TO PAY THE BILLS
vaardigheden waarmee je je rekeningen kunt betalen

DRUNK AS A SKUNK
'zo dronken als een stinkdier'
zo zat als een aap

SLICE AND DICE
van *slice* 'snijden' en *dice* ('dobbelsteen') 'in blokjes opdelen'
splitsen om de kleinere delen te gebruiken in eigen voordeel, bijvoorbeeld een (onderdeel van een) bedrijf

SLITS AND TITS
→ **tits** and slits

SLOW AND LOW
→ **low** and slow

DIAL A SMILE

", telefoonmaatschappij

(als aansporing om iemand te bellen) draai
een glimlach

SMOOCHIE MOOCHIE

van *smooch* 'kussen' en *mooch* 'bietsen'

flikflooien

SNAG IT, BAG IT AND TAG IT

'snaai het, pak het in en label het'

scoren, inpakken en pleite » ***bag*** *it and tag it*

SNAIL MAIL

slakkenpost

WHEN YOU SNOOZE, YOU LOSE

'als je indommelt, dan verlies je'

ben je niet alert, dan mis je kansen

DITCH THAT SON OF A BITCH

'loos die zoon van een teef'

dump die eikel » *ditch the **bitch***

SON OF A GUN

'zoon van een kanon'

1 smeerlap, klootzak **2** echt waar?!

SPACE RACE

wedloop in de ruimte

CAN YOUR SPAM, THEN BAM THAT MA'AM

blik je vlees in en neuk dan pas die vrouw

SPLASH, MASH AND DASH

'spetteren, hard fietsen en rennen'

triatlon: zwemmen, fietsen en hardlopen

» **mash** and dash

SPY IN THE SKY

'spion in de lucht'; Amerikaanse truckerstaal

politievliegtuig of -helikopter

↔ **bear** in the air; **fly** in the sky

SPYING, PRYING AND LYING

bespioneren, rondneuzen en liegen » **prying**
and lying

SQUARE AND FAIR

van square 'eerlijk en oprecht' en fair 'oprecht'

eerlijk en zonder twijfel » fair and square;
fairly and squarely
He beat me square and fair.

BE THERE OR BE SQUARE

van *square* 'ouderwets'

als je niet komt, hoor je er niet bij, ben je
een sukkel

GOOD PLAN, STAN

'goed plan, Stan'

geen gek idee, makker

EVEN STEPHEN

quitte

STOP AND SHOP

stop en winkel

COVER YOUR STUMP BEFORE YOU HUMP

♨

bedek je stomp voordat je neukt

SUCK AND FUCK

pijpen en neuken » *fuck and suck; fuck or suck; suck or fuck*

→ *hips* or lips

SUPER DUPER

🖥 Mash

heel leuk » *super dooper*

SURF AND TURF

van *surf* 'branding' en *turf* '(gras)zode'

vis en vlees » *turf and surf*

SWEAT IT, TO GET IT

'zweet om het te krijgen' 🖥 *The Cosby Show*

als je slank wilt zijn, moet je je inspannen (om van je vet af te komen)

↔ *burn* it, to earn it

You've gotta sweat it, to get it.

TAKE IT EASY, GREASY

rustig aan, gladjanus » *take it easy greasy, you got a long way to slide*

TAKE IT OFF BEFORE I BREAK IT OFF

'haal het weg voordat ik het eraf breek'

raak me niet aan!

IT TAKES A LICKING AND KEEPS ON TICKING

" Timex

je kunt erop slaan, dan nog blijft hij het doen

WALK THE TALK

voeg de daad bij het woord

TASTE MAKES WAIST

'smaak maakt taille' ▢ *Mash*

ieder pondje gaat door het mondje

↔ *a **moment** on the lips, a lifetime on the hips*

TEAR AND WEAR

→ ***wear** and tear*

IF YOU SLIP BETWEEN HER THIGHS BE SURE TO CONDOMIZE

♁

zorg ervoor dat je een condoom omdoet

voordat je tussen haar dijen glijdt

CLICK IT OR TICKET

❝❞ voor het gebruik van veiligheidsriemen

klik vast of je krijgt een bekeuring

LONG TIME NO SEE, BUMBLEBEE

'lang niet gezien, hommel'

tijd niet gezien, makker

IT'S TIME MY FEET HIT THE STREET

'het is tijd dat m'n voeten de straat raken'

ik moet ervandoor

↔ *gotta go,* **buffalo***; gotta run,* **skeleton**

TITS AND SLITS

van *tit* 'borst' en *slit* 'gleuf'

tieten en kutten » *slits and tits*

WACKY TOBACKY

van *wacko* 'gek' en *tobacco* 'tabak'

joint

BOP THE TOP AND DROP THE SLOP

'beweeg op en neer over de top en laat de drab vallen'

aftrekken en spuiten

COPPER TOPPER

'koperen bovenkant', naar de batterijen van Duracell

persoon met rood haar

TOUGH ENOUGH

potig, doortastend genoeg

TOUGH AND ROUGH

stoer en ruig » *rough and tough*

THERE'S NO TOWN LIKE MOTOWN

" voor Motown Records

niets zo leuk en goed als de muziek van
Motown

TOY BOY

'speeltjesjongen'

man voor seksueel plezier

→ *boy* toy

BACK ON TRACK

◻ *EastEnders*

terug op de goede weg

I'll be back on track in no time.

TRAMP STAMP

'tatoeage voor sletten'

aarsgewei

TRAVELLING LIGHT, TRAVELLING RIGHT

'licht reizen is goed reizen' ▌ John Barth, *Tidewatertales*

de ware reiziger heeft weinig bagage bij zich

TREAT THAT CAN'T BE BEAT

'traktatie die niet te overtreffen is' ▢ *Mash*

dit kun je je niet laten ontgaan

TREAT THEM MEAN AND KEEP THEM KEEN

▢ *Chef!*

behandel ze slecht en houd ze gretig

DOUBLE TROUBLE

'dubbele problemen'

dubbele tegenslag, overlast

TURF AND SURF

→ **surf** and turf

EAT IT OR BEAT IT

A TUSH PUSH

van *tush* 'achterwerk' en *push* 'duwtje' 🖳 *The New Adventures of Superman*

een zetje omhoog, een kontje

TWICE AS NICE

twee keer zo leuk

UNGLUE YOUR THIRTY-TWO

'je 32 losmaken' 🚪 *Mad Magazine*

de tanden uit je mond slaan

USE AND ABUSE

→ *abuse* and use

USE IT, DON'T LOSE IT

gebruik het, maar raak het niet kwijt

→ *use* it or lose it

USE IT OR LOSE IT

'gebruik het of je bent het kwijt'

1 gebruik je vaardigheden, of je verliest ze

2 opgestaan, plaatsje vergaan

→ *use it, don't lose it*

THE 'VETTE GETS THEM WET

van 'Vette 'Corvette' 🎥 *True Lies*

van een mooie auto raken vrouwen

opgewonden

WAKE AND SHAKE

'wakker worden en bewegen'

1 wakker worden en aan lichaamsoefening

doen **2** wakker worden en seks hebben

IF YOU CAN'T WALK THE WALK, DON'T TALK THE TALK

'als je het loopje niet kunt lopen, moet je het praatje niet praten'

breng in praktijk wat je zelf verkondigt

CRAVE THE WAVE

'hunkeren naar de golf'

1 dorst hebben 2 koelte willen

MY WAY OR THE HIGHWAY

'mijn manier of de snelweg'

je doet het op mijn manier of je kunt vertrekken

↔ my **way** or no way

OKAY, I'M ON MY WAY

🖵 *The Wonder Years*

1 nu gaat het gebeuren 2 ik kom eraan

MY WAY OR NO WAY

'mijn manier of geen manier'

we doen het op mijn manier en anders doen
we het niet

↔ my **way** or the highway

WEAR AND TEAR

'dragen en scheuren'

normale slijtage » tear and wear

BEARDY WEIRDY

'baardige gek' 🖵 The vicar of Dibley

rare baardaap » weirdy beardy

GET SET TO GET WET

'maak je klaar om nat te worden' 🔊 Durham, North Carolina

stel je in op het regenseizoen

WHAM BAM, THANK YOU MA'AM

'wam, bam, bedankt mevrouw'

vluggertje

WHEELING AND DEALING

'sturend en handeldrijvend'

koehandel » *dealing and wheeling*

BIG WIG

'grote pruik'

bobo, hotemetoot

ILL WILL

kwade bedoelingen

WILLY NILLY

willens nillens

DON'T BE SILLY, PROTECT YOUR WILLY

🔔

doe niet dom en bescherm je pik

↔ *don't be a **fool**, cover your tool*

IN IT TO WIN IT

meedoen om te winnen

You got to be in it to win it.

WINE AND DINE

'wijn en diner'

uitgebreid tafelen » *dine and wine; wining and dining*

→ **wine** *them, dine them, 69 them*

FINE AS WINE

'fijn als wijn' 🎥 *The Scarlet Letter*

goed, fijn, prettig » *fine as wine in the summertime; fine as wine in the sunshine*

WINE THEM, DINE THEM, 69 THEM

'geef ze wijn, een diner en standje 69'

geef ze drinken en eten om seks te krijgen

→ *wine* and *dine*

WORK NOT SHIRK

werken, niet lijntrekken » *all work no shirk*

WORK SMART, NOT HARD

🗩 *Roseanne*

werk slim, niet hard

O WOW, O WOW, GO FOR IT RIGHT NOW

(heel traag uitgesproken) o wauw, o wauw, ga er nu meteen voor

LOCAL YOKEL

'plaatselijke pummel' ▢ *Midsomer Murders*

boerenpummel, heikneuter

YUMMY IN MY TUMMY

'lekkers in mijn buikje' ▢ *The vicar of Dibley*

volle buik » *yum yum in my tum tum*

WHAT'S NEW AT THE ZOO?

'wat is nieuw in de dierentuin?' ▢ *Roseanne*

hoe is het? » *what's new in the zoo?*

Ook verkrijgbaar:

I have it in my own hands
Jan Dijkgraaf
ISBN 978 90 453 1079 4

Je bent lelijker dan een apenoksel!
Robert Vanderplank
ISBN 978 90 453 1207 1

Je bent om op te vreten
Erin McKean
ISBN 978 90 453 1232 3